SUS RECETAS TAMBIÉN
EN FORMATO DIGITAL

Este recetario está disponible en su versión digital en la Plataforma oficial de recetas Thermomix® www.cookidoo.es y para que también pueda disfrutarlo en este formato le obsequiamos con un código de descarga gratuito.
Para canjearlo, entre en la colección "Experiencia gastronómica", pinche en la flecha que aparece junto al precio, seleccione la opción canjear cupón e introduzca la combinación de números y letras impresos en el recuadro en el espacio destinado para ello.

Contiene las recetas de la Colección digital Experiencia gastronómica.

PARA DISFRUTARLAS, ENTRE EN WWW.COOKIDOO.ES

CÓDIGO DE DESCARGA

EXG-LMMK-3WAA-16NN

Experiencia gastronómica

TM5

thermomix

Thermomix®: Todo en uno y para todo.

Práctico, fácil y divertido de usar. ¡Tu compañero de viaje ideal!

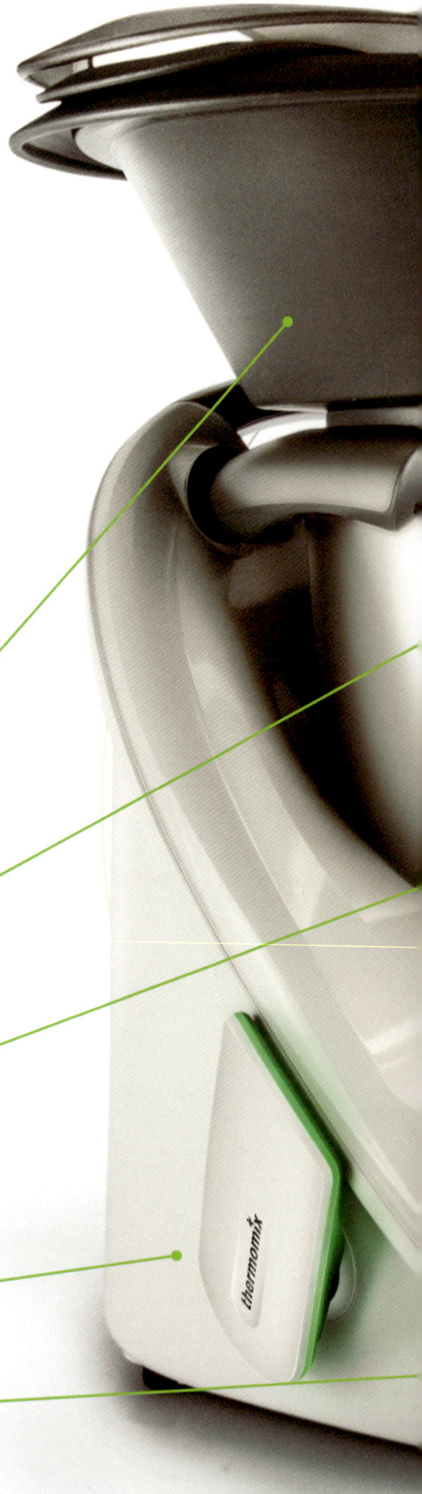

VAROMA: Accesorio para la cocina al vapor y para cocinar varios platos a la vez.

TAPA CON CIERRE AUTOMÁTICO: Un mecanismo innovador creado para tu seguridad.

VASO: En acero inoxidable de alta calidad y con una capacidad de 2,2 l.

LIBRO DIGITAL O COOK-KEY®: La nueva tecnología que te permitirá preparar las recetas en modo "cocina guiada".

PANTALLA TÁCTIL: digital, simple e intuitiva.

Cocina, también al vapor.

Monta y emulsiona.

Bate y mezcla.

Amasa.

Ralla y pulveriza.

Pesa incluso mientras cocinas.

Tritura y trocea.

A la hora de cocinar con Thermomix® ¿qué otros utensilios puedo necesitar en la cocina?

Para poder cocinar diferentes platos de una forma cómoda, además del Thermomix® es conveniente contar con una serie de utensilios básicos de cocina. Aquí tienes una lista con los complementos perfectos para el Thermomix®.

- Pelador de verduras

- Film transparente y papel de aluminio

- Boles de diferentes tamaños

- Fuentes de servir

- Cazuelas individuales refractarias como por ejemplo moldes de soufflé de cerámica

- Fuente honda

- Moldes de horno

- Molde rectangular de cake

- Espátula de repostería

- Rodillo

- Pincel de repostería

- Manga pastelera y boquilla

- Papel de hornear

- Rejilla para enfriar

- Palillos y brochetas de madera

- Tarros con cierre de rosca (para mermeladas y conservas)

Comer de forma variada y saludable

1. ELEGIR ALIMENTOS FRESCOS LO MENOS PROCESADOS POSIBLE: Es importante cuidarse comiendo ingredientes frescos y naturales, evitando en la medida de lo posible los alimentos procesados. Aprovechar los alimentos de temporada es una forma económica de hacerlo.

2. UTILIZAR EL ACEITE DE OLIVA. Es un alimento rico en vitamina E y es una grasa vegetal con propiedades cardioprotectoras.

3. CONSUMIR VEGETALES EN ABUNDANCIA: Las verduras, frutas y hortalizas son la principal fuente de vitaminas, minerales y fibra de nuestra dieta además de aportarnos una gran cantidad de agua para mantenernos bien hidratados. Es muy importante consumirlas diariamente y la cantidad recomendada son cinco raciones entre ambas al día.

4. CONSUMIR DIARIAMENTE PAN Y ALIMENTOS PRODECENTES DE CEREALES: El consumo diario de pasta, arroz y cereales, preferiblemente en su versión integral, es imprescindible por su composición en carbohidratos que nos aportan la energía necesaria para nuestra actividad diaria.

5. TOMAR A DIARIO PRODUCTOS LÁCTEOS. Son excelentes fuentes de proteína. El consumo de lácteos fermentados como yogures o quesos están asociados a grandes beneficios para la salud gracias a los microorganismos vivos que nos ayudan a mejorar el equilibrio de la flora intestinal.

6. CARNE, PESCADO, HUEVOS Y LEGUMBRES. Las carnes magras como el pollo o el conejo tienen un gran aporte de proteína y son muy bajas en grasa por lo que se recomienda consumirlas varias veces a la semana. Intentaremos consumir de forma ocasional las carnes rojas y es conveniente que formen parte de guisos o como complemento de recetas a base de verduras y cereales. Se recomienda consumir pescado azul 1 o 2 veces a la semana mientras que los pescados blancos pueden ser consumidos 4 o 5 veces a la semana, al igual que las legumbres. Los huevos son una alternativa a tener en cuenta a la hora de sustituir la carne o el pescado por otro tipo de proteína animal y se recomienda un consumo de unas 3 o 4 veces por semana.

7. ALIMENTOS DE CONSUMO OCASIONAL. La bollería, caramelos, pasteles, helados, refrescos, embutidos y las grasas como la mantequilla o la margarina, deben ser consumidos con mucha moderación y solo de manera ocasional.

Consejos para hacer la compra

Entre las claves para hacer una lista completa y que propicie el ahorro, están los siguientes puntos:

• La planificación de los menús que se prepararán a lo largo de semana.

• Realizar un presupuesto.

• Hacer una plantilla sencilla, donde aparezcan los productos por categorías, es decir, desayunos, carne, pescado, verdura, postres, bebidas... Si no se planifica y se va con prisas, es muy fácil olvidar algunos productos que luego son imprescindibles para cocinar.

¿COMPRA SEMANAL O MENSUAL?

• Realizar una **compra mensual de productos no perecederos es lo más recomendable**, ya que garantiza tener en casa provisiones de arroz, legumbres, leche, latas y alimentos en conserva, bebidas, patatas, aceite, artículos de higiene y limpieza, etc.

• Cuando se trata de la compra diaria o semanal, el consumidor debe aprovechar para hacerse con los productos frescos o perecederos, como el pan, la fruta y la verdura y las carnes y los pescados.

De cualquier forma, al hacer la compra **hay que prever dos puntos muy importantes**:

• **Qué cantidad de cada alimento se consume durante el mes**, para no comprar más de la cuenta y almacenar en la despensa productos caducados.

• **Posibilidades de conservación del alimento en función de la capacidad de almacenamiento.** Si no se dispone de una nevera grande o de una amplia despensa, es mejor hacer la compra más a menudo.

Como almacenar los productos y organizar la nevera

El almacenamiento de los alimentos tanto en la despensa como en la nevera, debe ser ordenado y garantizar una rotación para evitar que los productos caduquen. Es decir los alimentos más antiguos han de ser colocados en la parte delantera de las repisas, de modo que sean los primeros en ser utilizados.

- **Nuestra despensa** ha de ser un lugar **limpio, seco y correctamente ventilado**, ya que el exceso de luz y humedad favorece la reproducción de bacterias y hongos, nocivos para la salud.

- Los equipos frigoríficos tienen una capacidad determinada que no deberá superarse. Funcionarán correctamente si existe el espacio suficiente entre los alimentos para que el aire frío circule y mantenga baja la temperatura.

- Todos los alimentos conservados en frío deberían estar envasados con la fecha de cocinado o apertura, de modo que permitan su identificación y así evitar que se acaben estropeando.

- Nunca introduzca en el frigorífico alimentos calientes, pues elevarían la temperatura interna del frigorífico, lo que estimularía el crecimiento bacteriano y obligaría a la maquinaria a un sobreesfuerzo, con el peligro de quemar el motor.

- Evite abrir las puertas del frigorífico más de lo necesario y ciérrelas cuanto antes.

- A la hora de almacenar, es importante **separar los alimentos crudos de los elaborados listos para consumir**. Así evitamos contaminaciones. Se separarán, a su vez, por grupos y tipos de alimentos.

> Las carnes y pescados crudos en la parte inferior.
> Los productos lácteos y postres envasados en el centro.
> Los alimentos cocinados, charcutería, quesos y otros productos listos para consumir en la parte superior.

Tabla de tiempos de cocción al vapor

Utilice esta tabla como guía ajustando las cantidades y tiempos a su gusto. Los tiempos de cocción varían dependiendo de la cantidad y la calidad de los ingredientes. Si los ingredientes parecen necesitar más cocción, sencillamente prolongue el tiempo. Para prolongar el tiempo de cocción más de 30 minutos, añada 250 g de agua por cada 15 minutos adicionales. Asegúrese de que algunas ranuras del recipiente Varoma quedan sin obstruir y de que la tapa del Varoma está correctamente cerrada.
Ponga 500 g de agua o caldo en el vaso y cocine al vapor **el_tiempo_indicado/Varoma/vel 1**.

INGREDIENTE	CANTIDAD	TIEMPO/VELOCIDAD	CONSEJOS/VARIANTES
VERDURAS			
Calabacines	800 g, cortados en lonchas (1 cm)	**25 min**	-
Champiñones	500 g	**15 min**	-
Espárragos	800 g	**20-35 min**	El tiempo varía en función del diámetro de los espárragos
Espinacas frescas	500 g	**10-12 min**	no más de 500 g
Guisantes congelados	500 g	**16-18 min**	-
Hinojo	800 g, cortados en cuartos	**30 min**	-
Hinojo	800 g, cortado en lonchas	**18-20 min**	-
Judías verdes	800 g, enteras	**15-30 min**	-
Patatas nuevas pequeñas	500 g	**30 min**	-
Patatas	800 g, cortadas en trozos medianos	**25-30 min**	-

INGREDIENTE	CANTIDAD	TIEMPO/VELOCIDAD	CONSEJOS/VARIANTES
Pimientos	500 g, cortados en tiras (1 cm)	**15 min**	-
Puerros	800 g, cortados en rodajas	**25 min**	-
Ramilletes de brócoli	800 g	**15 min**	-
Ramilletes de coliflor	800 g	**20-25 min**	-
Repollo	800 g, cortado en tiras	**23-25 min**	-
Zanahorias	800 g, cortadas en rodajas (0.5 cm)	**30 min**	-
Zanahorias	800 g, enteras, muy finas	**25-30 min**	-
FRUTAS			
Albaricoques	500 g, cortadas en mitades	**10-15 min**	-
Ciruela	500 g, cortadas en mitades	**12 min**	-
Manzanas	500 g, cortadas en cuartos	**12-15 min**	-
Melocotones	500 g, cortadas en mitades	**10-15 min**	-
Peras	800 g, cortadas en cuartos	**12-15 min**	-
Peras	800 g, cortadas en mitades	**20 min**	-
PESCADOS Y MARISCOS			
Filetes de pescado	800 g	**20 min**	(por ej. salmón)
Langostinos crudos con cáscara	800 g	**10-15 min**	
Mejillones	500 g	**15 min**	para langostinos congelados aumente el tiempo 2 minutos.
Pescados enteros	2 piezas (aprox.400 g cada una)	**15 min**	-
CARNES			
Albóndigas	500 g	**25 min**	de 3-4 cm de diámetro
Filetes de pavo	600 g	**20-25 min**	-
Pechugas de pollo	600 g	**20-25 min**	-
Salchichas de Frankfurt	6 unidades	**10-15 min**	(depende del tamaño)

Miles de recetas para todos los gustos www.cookidoo.es

CONTENIDOS PARA TODOS LOS GUSTOS

La plataforma de recetas www.cookidoo.es contiene más de 2000 recetas agrupadas en colecciones temáticas para todos los gustos. Recetas para dos, vegetarianas, veganas, de cocina diaria, de repostería, etc. Sean cuales sean tus gustos tenemos lo que estás buscando.

ACCEDE A MILES DE RECETAS GRATIS DURANTE 6 MESES:

Ahora puedes disfrutar de las más de 2000 recetas de la plataforma www.cookidoo.es de forma totalmente gratuita gracias al nuevo accesorio Cook-Key®.

Sincroniza tus recetas favoritas y visualízalas directamente en la pantalla del Thermomix®

¡PLANÍFICATE!

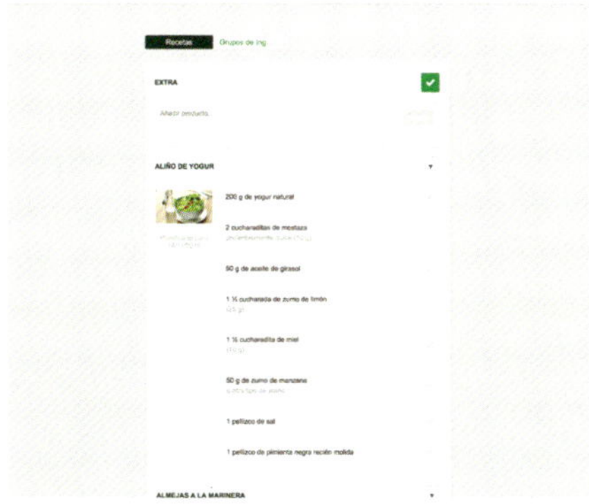

- **Confecciona tus listas de recetas personalizadas:** Escoge las recetas que más te gusten de cada una de las colecciones para confeccionar tus propias listas de recetas.
- **Planifica tu menú:** Ayúdate del planificador de recetas para decidir con antelación las comidas y las cenas de toda la semana.
- **Tu ayudante a la hora de hacer la compra:** La plataforma www.cookidoo.es hará por ti de forma automática una lista de la compra detallada con todos los ingredientes que necesitas. Envíatela al móvil para tenerla siempre a mano y no olvidar ningún ingrediente.

Para más información, entra en www.cookidoo.es, llámanos al 902 33 33 50 o contacta con tu agente comercial de Thermomix®

Sumario

Experiencia gastronómica

MENÚ: LENTEJAS ESTOFADAS. SOLOMILLO DE CERDO CON PATATAS Y SALSA DE TOMATE. QUESILLO

INGREDIENTES

200 g de lentejas pardinas secas

Quesillo

50 g de azúcar
250 g de nata (35% de grasa)
40 g de caramelo líquido
1 huevo
130 g de leche evaporada
130 g de leche condensada

Lentejas estofadas

1 huevo duro
50 g de pimiento rojo
50 g de pimiento verde
50 g de cebolleta
50 g de zanahoria
1 diente de ajo
25 g de aceite de oliva
25 g de chorizo cortado en rodajas
50 g de jamón curado, en dados
30 g de arroz de grano redondo
1 pastilla de caldo de ave
800 g de agua

Solomillo de cerdo y patatas

600 g de solomillo de cerdo en medallones de 3 cm
350 - 400 g de patatas cortadas en dados de 1x1 cm

PREPARACIÓN

1. Ponga a remojar las lentejas en un bol cubiertas de agua durante 2 horas.

Quesillo

2. Ponga el azúcar en el vaso y pulverice **10 seg/vel 10**.
3. **Coloque la mariposa** en las cuchillas, añada la nata y monte a **vel 3** prestando atención para evitar batir en exceso y que se haga mantequilla. **Retire la mariposa** y vierta la nata montada en una manga pastelera con boquilla rizada. Reserve en el frigorífico.
4. Reparta el caramelo líquido en 4 moldes para flan individuales (aprox. Ø 4 cm de la base x Ø 7 cm arriba y 4 cm de alto) y reserve.
5. Ponga en el vaso el huevo, la leche evaporada y la leche condensada y mezcle **10 seg/vel 4**. Reparta la mezcla en los moldes de flan y cubra cada uno con un trozo de papel de aluminio. Reserve. Aclare el vaso.

Lentejas estofadas

6. Ponga en el vaso el huevo duro y trocee **1 seg/vel 4**. Retire del vaso a una sopera y reserve.
7. Ponga en el vaso el pimiento rojo, el pimiento verde, la cebolleta, la zanahoria, el diente de ajo y el aceite. Trocee **2 seg/vel 5**.
8. Añada el chorizo, el jamón curado, las lentejas escurridas, el arroz, la pastilla de caldo y el agua.

Solomillo de cerdo y patatas

9. Sitúe el recipiente Varoma en su posición con el solomillo de cerdo y las patatas. Coloque la bandeja Varoma con los moldes de flan reservados, tape el Varoma y programe **30 min/Varoma/↺/vel** 🥄. Retire el Varoma y ponga los flanes en el frigorífico. Tape de nuevo el Varoma y reserve sobre un plato para mantener la carne y las patatas calientes. Vierta el potaje en la sopera y reserve. Aclare y seque el vaso.

30 min | 3 h 10 min | media | 4 4 raciones

Por ración (menú completo):
Energía 5.083 kJ / 1.216 kcal
Proteínas 68 g / Hidratos 105 g / Grasa 58 g
Colesterol 250 mg / Fibra 11 g

Salsa de tomate

30 g de queso parmesano
70 g de cebolleta
1 diente de ajo
20 g de aceite de oliva
400 g de tomate troceado en conserva
½ pastilla de caldo de ave
1 pellizco de orégano seco
1 pellizco de azúcar

ACCESORIOS ÚTILES

manga pastelera con boquilla rizada, moldes individuales de flan, papel de aluminio

Salsa de tomate

10. Ponga en el vaso el queso y ralle **10 seg/vel 10**. Retire del vaso y reserve.
11. Ponga en el vaso la cebolleta, el diente de ajo y el aceite. Trocee **3 seg/vel 5** y sofría **3 min/120°C/vel ⟲ (TM31: 3 min/Varoma/vel ⟲)**.
12. Añada el tomate troceado, la pastilla de caldo, el orégano y el azúcar. Coloque el cestillo sobre la tapa en lugar del cubilete y programe **10 min/Varoma/vel ⟲**. Sirva las lentejas de primero, el solomillo con patatas y la salsa de tomate de segundo (espolvoreado con el queso rallado) y los quesillos con nata de postre.

SUGERENCIA

- Puede adobar la carne con 30 g de aceite, 1 cucharadita de sal y 1 cucharadita de pimentón antes de ponerla en el recipiente Varoma.
- Para mantener el plato principal caliente, mientras toma las lentejas, sitúe el Varoma en su posición con la carne y las patatas (con la salsa de tomate aún en el vaso).

INFORMACIÓN

- En los flanes no se consume el total de la nata montada. Puede reservar en el frigorífico para otras elaboraciones.

MENÚ: PATATAS CON ALMEJAS Y CALAMARES. LUBINA CON COLIFLOR Y SALSA DE PUERROS. FLAN DE CAFÉ

INGREDIENTES

Flan de café

50 g de azúcar
250 g de nata (35% de grasa)
1 huevo
130 g de leche evaporada
130 g de leche condensada
10 g de café soluble

Patatas con almejas y calamares

1 huevo duro
50 g de pimiento rojo
50 g de pimiento verde
50 g de cebolleta
50 g de zanahoria
1 diente de ajo
25 g de aceite de oliva
1 lata de calamares en salsa americana (aprox. 115 g neto)
1 lata de almejas al natural (aprox. 115 g neto)
300 g de patatas en trozos
30 g de arroz de grano redondo
1 pastilla de caldo de pescado
½ cucharadita de colorante alimentario amarillo
800 g de agua

Lubina y coliflor

300 g de ramilletes de coliflor pequeños
4 filetes de lubina (aprox. 130 g c/u)

PREPARACIÓN

Flan de café

1. Ponga el azúcar en el vaso y pulverice **10 seg/vel 10**.
2. **Coloque la mariposa** en las cuchillas, añada la nata y, sin programar tiempo, monte a **vel 3** prestando atención para evitar batir en exceso y que se haga mantequilla. **Retire la mariposa** y vierta la nata montada en una manga pastelera con boquilla rizada. Reserve en el frigorífico.
3. Ponga en el vaso el huevo, la leche evaporada, la leche condensada y el café y mezcle **10 seg/vel 4**. Reparta la mezcla en 4 moldes para flan individuales (aprox. Ø 4 cm de la base x Ø 7 cm arriba y 4 cm de alto) y cubra cada uno con un trozo de papel de aluminio. Reserve. Aclare el vaso.

Patatas con almejas y calamares

4. Ponga en el vaso el huevo duro y trocee **1 seg/vel 4**. Retire del vaso a una sopera y reserve.
5. Ponga en el vaso el pimiento rojo, el pimiento verde, la cebolleta, la zanahoria, el diente de ajo y el aceite. Trocee **2 seg/vel 5**.
6. Añada los calamares, las almejas, las patatas, el arroz, la pastilla de caldo, el colorante y el agua.

Lubina y coliflor

7. Sitúe el recipiente Varoma en su posición. Cubra la base del recipiente con los ramilletes de coliflor y coloque encima la lubina. Coloque la bandeja Varoma con los moldes de flan reservados, tape el Varoma y programe **30 min/Varoma/↺/vel 🥄**. Retire el Varoma y ponga los flanes en el frigorífico. Tape de nuevo el Varoma y reserve sobre un plato para mantener la lubina y la coliflor calientes. Vierta las patatas en la sopera y reserve. Aclare y seque el vaso.

30 min | 1 h 10 min | media | 4 raciones

Por ración (menú completo):
Energía 4.202 kJ / 1.005 kcal
Proteínas 58 g / Hidratos 73 g / Grasa 53 g
Colesterol 347 mg / Fibra 5 g

Salsa de puerro
40 g de pan en trozos
½ cucharadita de ajo en polvo
1 ramita de perejil fresco
70 g de puerro (solo la parte blanca en trozos)
1 diente de ajo
20 g de aceite de oliva
90 g de vino blanco
100 g de agua
1 pellizco de sal
1 pellizco de pimienta molida

ACCESORIOS ÚTILES

manga pastelera con boquilla rizada, moldes individuales de flan, papel de aluminio

Salsa de puerro

8. Ponga en el vaso el pan, el ajo en polvo y el perejil y ralle **10 seg/vel 10**. Retire del vaso y reserve.
9. Ponga en el vaso el puerro, el diente de ajo y el aceite. Trocee **3 seg/vel 5** y sofría **3 min/120°C/vel** (**TM31: 3 min/Varoma/vel**).
10. Añada el vino blanco, el agua, la sal y la pimienta. Coloque el cestillo sobre la tapa en lugar del cubilete y programe **10 min/Varoma/vel** . Sirva las patatas con almejas y calamares de primero, la lubina y la coliflor con la salsa de puerro de segundo (espolvoreado con el pan rallado) y los flanes con nata de postre.

SUGERENCIA

- Para mantener el plato principal caliente, mientras toma las patatas, sitúe el Varoma en su posición con la lubina y la coliflor (con la salsa de puerro aún en el vaso).

MENÚ: *VICHYSSOISE.* SALMÓN CON ESPÁRRAGOS VERDES Y SALSA DE QUESO MANCHEGO. QUESILLO DE YOGUR

INGREDIENTES

Quesillo de yogur
50 g de azúcar
250 g de nata (35% de grasa)
40 g de caramelo líquido
1 huevo
1 yogur griego (125-130 g)
130 g de leche condensada

Vichyssoise
1 huevo duro
300 g de puerros (solo la parte blanca en trozos)
50 g de aceite de oliva
150 g de patatas en trozos
½ cucharadita de sal
1 - 2 pellizcos de pimienta blanca molida
1 pellizco de nuez moscada molida
1 pastilla de caldo de ave
800 g de agua

Salmón con espárragos verdes
600 g de lomo de salmón fresco sin piel en dados de aprox. 5 cm
150 g de espárragos verdes en trozos
1 - 2 pellizcos de sal
1 - 2 pellizcos de pimienta blanca molida
2 - 4 chorritos de vino blanco (aprox. 40 g)
1 - 2 chorritos de aceite de oliva
50 g de nata líquida (para la *vichyssoise*)

PREPARACIÓN

Quesillo de yogur
1. Ponga el azúcar en el vaso y pulverice **10 seg/vel 10**.
2. **Coloque la mariposa** en las cuchillas, añada la nata y, sin programar tiempo, monte a **vel 3** prestando atención para evitar batir en exceso y que se haga mantequilla. **Retire la mariposa** y vierta la nata montada en una manga pastelera con boquilla rizada. Reserve en el frigorífico.
3. Reparta el caramelo líquido en 4 moldes para flan individuales (aprox. Ø 4 cm de la base x Ø 7 cm arriba y 4 cm de alto) y reserve.
4. Ponga en el vaso el huevo, el yogur y la leche condensada y mezcle **10 seg/vel 4**. Reparta la mezcla en los moldes de flan y cubra cada uno con un trozo de papel de aluminio. Reserve. Aclare el vaso.

Vichyssoise
5. Ponga en el vaso el huevo duro y trocee **1 seg/vel 4**. Retire del vaso y reserve.
6. Ponga en el vaso el puerro y el aceite y trocee **2 seg/vel 5**.
7. Añada las patatas, la sal, la pimienta, la nuez moscada, la pastilla de caldo y el agua.

Salmón con espárragos verdes
8. En una bolsa de asar ponga el salmón, los espárragos verdes, la sal, la pimienta, el vino para cocinar, el aceite y el huevo picado reservado. Cierre la bolsa procurando que el contenido quede extendido y sin aire. Reserve.
9. Sitúe el recipiente Varoma en su posición con los flanes reservados. Coloque la bandeja Varoma con la bolsa de salmón, tape el Varoma y programe **15 min/Varoma/⟲/vel 🥄**. Con cuidado de no quemarse, destape el Varoma y dele la vuelta a la bolsa. Tape de nuevo y programe **15 min/Varoma/⟲/vel 🥄**.
10. Retire la bandeja Varoma y ponga los quesillos de yogur en el frigorífico. Coloque la bolsa con el salmón en el recipiente Varoma, tape y reserve sobre un plato para mantener el salmón caliente.
11. Añada al vaso la nata y triture **30 seg/vel 10**. Vierta la *vichyssoise* en una sopera y reserve. Aclare y seque el vaso.

30 min | 1 h 10 min | media | 4 raciones

Por ración (menú completo):
Energía 5.194 kJ / 1.243 kcal
Proteínas 51 g / Hidratos 55 g / Grasa 91 g
Colesterol 346 mg / Fibra 4 g

Salsa de queso manchego
100 g de queso manchego
70 g de cebolleta
1 diente de ajo
20 g de aceite de oliva
150 g de nata (35% de grasa)
1 pellizco de pimienta blanca molida
1 pellizco de eneldo seco

ACCESORIOS ÚTILES

manga pastelera con boquilla rizada, moldes individuales de flan, papel de aluminio, bolsa de asar grande

Salsa de queso manchego

12. Ponga en el vaso el queso y ralle **10 seg/vel 10**. Retire del vaso y reserve.
13. Ponga en el vaso la cebolleta, el diente de ajo y el aceite. Trocee **3 seg/vel 5** y sofría **3 min/120°C/vel ↺ (TM31: 3 min/Varoma/vel ↺)**.
14. Añada el queso reservado, la nata, la pimienta y el eneldo seco. Coloque el cestillo sobre la tapa en lugar del cubilete y programe **10 min/90°C/vel 2**. Sirva la *vichyssoise* de primero, el salmón con la salsa de queso de segundo y los quesillos de yogur con nata de postre.

SUGERENCIA

- La *vichyssoise* es una crema que se toma también fría en verano. Si la quiere fría, reserve en el frigorífico.
- Para mantener el plato principal caliente, mientras toma la *vichyssoise*, sitúe el Varoma en su posición con la bolsa de salmón (con la salsa de queso manchego aún en el vaso).

MENÚ: SOPA DE JUDÍAS BLANCAS Y FIDEOS. ALBÓNDIGAS CON ARROZ Y SALSA DE TOMATE. *CHEESECAKE*

INGREDIENTES

Cheesecake

50 g de azúcar
250 g de nata (35% de grasa)
40 g de mermelada de frambuesas
1 huevo
130 g de leche evaporada
130 g de leche condensada
60 g de queso cremoso (tipo Philadelphia®)

Albóndigas

600 g de carne picada
1 huevo
1 cucharadita de sal
1 pellizco de pimienta molida
30 g de vino blanco
1 cucharada de pan rallado
1 - 2 cucharadas de aceite de oliva

Sopa de judías blancas y fideos

1 huevo duro
50 g de pimiento rojo
50 g de pimiento verde
50 g de cebolleta
50 g de zanahoria
1 diente de ajo
25 g de aceite de oliva
50 g de dados de beicon
400 g de judías blancas cocidas en conserva (lavadas y escurridas)
50 g de fideos de fideuá
3 - 4 pellizcos de hebras de azafrán
1 cucharadita de sal
1 pastilla de caldo de ave
800 g de agua

PREPARACIÓN

Cheesecake

1. Ponga el azúcar en el vaso y pulverice **10 seg/vel 10**.
2. **Coloque la mariposa** en las cuchillas, añada la nata y, sin programar tiempo, monte a **vel 3** prestando atención para evitar batir en exceso y que se haga mantequilla. **Retire la mariposa** y vierta la nata montada en una manga pastelera con boquilla rizada. Reserve en el frigorífico.
3. Reparta la mermelada de frambuesa en 4 moldes para flan individuales (aprox. Ø 4 cm de la base x Ø 7 cm arriba y 4 cm de alto) y reserve.
4. Ponga en el vaso el huevo, la leche evaporada, la leche condensada y el queso cremoso y mezcle **10 seg/vel 4**. Reparta la mezcla en los moldes de flan y cubra cada uno con un trozo de papel de aluminio. Reserve. Aclare el vaso.

Albóndigas

5. Ponga en el vaso la carne picada, el huevo, la sal, la pimienta, el vino blanco y el pan rallado. Mezcle **20 seg/↺/vel 3**. Retire del vaso. Con las manos engrasadas, forme aprox. 16 albóndigas y colóquelas a un lado en el recipiente Varoma.

Sopa de judías blancas y fideos

6. Ponga en el vaso el huevo duro y trocee **1 seg/vel 4**. Retire del vaso a una sopera y reserve.
7. Ponga en el vaso el pimiento rojo, el pimiento verde, la cebolleta, la zanahoria, el diente de ajo y el aceite. Trocee **2 seg/vel 5**.
8. Añada el beicon, 200 g de judías blancas, los fideos, el azafrán, la sal, la pastilla de caldo y el agua.
9. Sitúe el recipiente Varoma en su posición con las albóndigas. Ponga en el recipiente Varoma, al lado de las albóndigas, 2 moldes con el *cheesecake*.

40 min | 1 h 20 min | media | 4 raciones

Por ración (menú completo):
Energía 9.811 kJ / 1.629 kcal
Proteínas 56 g / Hidratos 111 g / Grasa 107 g
Colesterol 412 mg / Fibra 8 g

Arroz blanco
120 g de arroz de grano redondo
200 g de agua
4 pellizcos de sal

Salsa de tomate
30 g de queso parmesano
70 g de cebolleta
1 diente de ajo
20 g de aceite de oliva
400 g de tomate troceado en conserva
½ pastilla de caldo de ave
1 pellizco de orégano seco
1 pellizco de azúcar

ACCESORIOS ÚTILES
manga pastelera con boquilla rizada, moldes individuales de flan, papel de aluminio

Arroz blanco

10. Coloque la bandeja Varoma con 4 moldes de flan (aprox. Ø 4 cm de la base x Ø 7 cm arriba y 4 cm de alto). Active la báscula y ponga en cada molde 30 g de arroz, 50 g de agua y 1 pellizco de sal. Ponga además los otros 2 moldes de cheesecake. Tape el Varoma y programe **30 min/Varoma/↺/vel 🥄**. Retire el Varoma y ponga los *cheesecake* en el frigorífico. Tape de nuevo el Varoma y reserve sobre un plato para mantener las albóndigas y el arroz calientes. Vierta la sopa en la sopera y añada las judías blancas restantes. Mezcle con la espátula y reserve. Aclare y seque el vaso.

Salsa de tomate

11. Ponga en el vaso el queso y ralle **10 seg/vel 10**. Retire del vaso y reserve.
12. Ponga en el vaso la cebolleta, el diente de ajo y el aceite. Trocee **3 seg/vel 5** y sofría **3 min/120°C/vel 🥄 (TM31: 3 min/Varoma/vel 🥄)**.
13. Añada el tomate troceado, la pastilla de caldo, el orégano y el azúcar. Coloque el cestillo sobre la tapa en lugar del cubilete y programe **10 min/Varoma/vel 🥄**. Sirva la sopa de judías blancas y fideos de primero, las albóndigas con arroz y la salsa de tomate de segundo (espolvoreadas con el queso rallado) y los *cheesecakes* con nata de postre.

SUGERENCIA
- Para mantener el plato principal caliente, mientras toma la sopa, sitúe el Varoma en su posición con las albóndigas y el arroz (con la salsa de tomate aún en el vaso).

MENÚ: GARBANZOS CON CHORIZO. CONTRAMUSLO DE POLLO AL AJILLO CON *CHERRYS* Y GUISANTES. FLAN DE CHOCOLATE

INGREDIENTES

Flan de chocolate
50 g de azúcar
250 g de nata (35% de grasa)
40 g de sirope de chocolate
1 huevo
130 g de leche evaporada
130 g de leche condensada
1 - 2 cucharadas de cacao puro en polvo

Garbanzos con chorizo
1 huevo duro
50 g de pimiento rojo
50 g de pimiento verde
50 g de cebolleta
50 g de zanahoria
1 diente de ajo
25 g de aceite de oliva
100 g de chorizo cortado en rodajas
400 g de garbanzos cocidos (en conserva) lavados y escurridos
30 g de arroz de grano redondo
1 pastilla de caldo de ave
800 g de agua

Contramuslo de pollo al ajillo con *cherrys* y guisantes
600 g de contramuslos de pollo (sin piel ni huesos) cortados en 3 trozos c/u
200 g de tomates *cherry*
100 g de guisantes congelados
30 g de queso de cabra curado
50 g de cebolleta

PREPARACIÓN

Flan de chocolate
1. Ponga el azúcar en el vaso y pulverice **10 seg/vel 10**.
2. **Coloque la mariposa** en las cuchillas, añada la nata y, sin programar tiempo, monte a **vel 3** prestando atención para evitar batir en exceso y que se haga mantequilla. **Retire la mariposa** y vierta la nata montada en una manga pastelera con boquilla rizada. Reserve en el frigorífico.
3. Reparta el sirope de chocolate en 4 moldes para flan individuales (aprox. Ø 4 cm de la base x Ø 7 cm arriba y 4 cm de alto) y reserve.
4. Ponga en el vaso el huevo, la leche evaporada, la leche condensada y el cacao y mezcle **10 seg/vel 4**. Reparta la mezcla en los moldes de flan y cubra cada uno con un trozo de papel de aluminio. Reserve. Aclare el vaso.

Garbanzos con chorizo
5. Ponga en el vaso el huevo duro y trocee **1 seg/vel 4**. Retire del vaso a una sopera y reserve.
6. Ponga en el vaso el pimiento rojo, el pimiento verde, la cebolleta, la zanahoria, el diente de ajo y el aceite. Trocee **2 seg/vel 5**.
7. Añada el chorizo, los garbanzos, el arroz, la pastilla de caldo y el agua.

Contramuslo de pollo al ajillo con *cherrys* y guisantes
8. Sitúe el recipiente Varoma en su posición con los contramuslos de pollo, los tomates *cherry* y los guisantes. Coloque la bandeja Varoma con los moldes de flan reservados, tape el Varoma y programe **30 min/Varoma/⟲/vel** 🥄. Retire el Varoma y ponga los flanes en el frigorífico. Tape de nuevo el Varoma y reserve sobre un plato para mantener el pollo caliente. Vierta los garbanzos en la sopera y reserve. Aclare y seque el vaso.

30 min | 1 h 10 min | media | 4 raciones

Por ración (menú completo):
Energía 4.891 kJ / 1.170 kcal
Proteínas 59 g / Hidratos 83 g / Grasa 67 g
Colesterol 358 mg / Fibra 9 g

4 dientes de ajo
20 g de aceite de oliva
1 cucharadita de maicena
150 g de vino blanco
150 g de agua
½ pastilla de caldo de ave
1 - 2 pellizcos de perejil seco

9. Ponga en el vaso el queso y ralle **10 seg/vel 10**. Retire del vaso y reserve.
10. Ponga en el vaso la cebolleta, los ajos y el aceite. Trocee **3 seg/vel 5** y sofría **3 min/120°C/vel ⟲ (TM31: 3 min/Varoma/vel ⟲)**.
11. Añada la maicena, el vino blanco, el agua, la pastilla de caldo y el perejil. Coloque el cestillo sobre la tapa en lugar del cubilete y programe **10 min/Varoma/vel ⟲**. Sirva los garbanzos de primero, el pollo con la salsa de segundo (espolvoreado con el queso rallado) y los flanes con nata de postre.

ACCESORIOS ÚTILES

manga pastelera con boquilla rizada, moldes individuales de flan, papel de aluminio, sopera

SUGERENCIA

- Para mantener el plato principal caliente, mientras toma los garbanzos, sitúe el Varoma en su posición con el pollo, los *cherrys* y los guisantes (con la salsa aún en el vaso).

MENÚ: MENESTRA DE VERDURAS A LA SIDRA. FLAN DE COCO

INGREDIENTES

Verduras
- 200 g de coles de Bruselas congeladas
- 100 g de alcachofas congeladas en cuartos
- 100 g de judías verdes congeladas
- 100 g de espárragos verdes congelados en trozos
- 100 g de guisantes congelados
- 100 g de champiñones en cuartos
- 4 huevos (envueltos en film transparente)

Flan de coco
- 50 g de azúcar
- 250 g de nata (35% de grasa)
- 40 g de caramelo líquido
- 1 huevo
- 130 g de leche evaporada
- 130 g de leche condensada
- 20 g de coco rallado

Menestra
- 2 dientes de ajo
- 60 g de puerro en rodajas
- 60 g de cebolleta en trozos
- 60 g de zanahoria en trozos
- 30 g de apio en trozos
- 25 g de aceite de oliva
- 30 g de arroz de grano redondo (opcional)
- 1 pastilla de caldo de verduras
- 800 g de agua
- 1 cucharadita de sal
- 200 g de ramilletes de coliflor pequeños

PREPARACIÓN

Verduras
1. Sitúe el recipiente Varoma en su posición con las coles de Bruselas, las alcachofas, las judías verdes, los espárragos, los guisantes y los champiñones. Añada los huevos envueltos en film transparente. Retire el recipiente Varoma y reserve sobre un plato hondo durante 30 minutos para que se descongele.

Flan de coco
2. Ponga el azúcar en el vaso y pulverice **10 seg/vel 10**.
3. **Coloque la mariposa** en las cuchillas, añada la nata y monte a **vel 3** prestando atención para evitar batir en exceso y que se haga mantequilla. **Retire la mariposa** y vierta la nata montada en una manga pastelera con boquilla rizada. Reserve en el frigorífico.
4. Reparta el caramelo líquido en 4 moldes para flan individuales (aprox. Ø 4 cm de la base x Ø 7 cm arriba y 4 cm de alto) y reserve.
5. Ponga en el vaso el huevo, la leche evaporada, la leche condensada y el coco rallado y mezcle **10 seg/vel 4**. Reparta la mezcla en los moldes de flan y cubra cada uno con un trozo de papel de aluminio. Reserve. Aclare el vaso.

Menestra
6. Ponga en el vaso los ajos y pique **2 seg/vel 7**.
7. Ponga en el vaso el puerro, la cebolleta, la zanahoria, el apio y el aceite. Trocee **2 seg/vel 5**.
8. Añada el arroz, la pastilla de caldo, el agua y la sal. Introduzca el cestillo con los ramilletes de coliflor.
9. Sitúe el recipiente Varoma con las verduras en su posición. Coloque la bandeja Varoma con los moldes de flan reservados, tape el Varoma y programe **30 min/Varoma/↺/vel** 🥄. Retire la bandeja Varoma y ponga los flanes en el frigorífico. Retire el recipiente Varoma y ponga las verduras en una sopera (reserve los huevos duros). Con la muesca de la espátula, extraiga el cestillo y ponga la coliflor con las verduras. Vierta el caldo del vaso en la sopera y reserve.

30 min | 1 h 40 min | media | 4 raciones

Por ración (menú completo):
Energía 3.646 kJ / 872 kcal
Proteínas 31 g / Hidratos 63 g / Grasa 55 g
Colesterol 412 mg / Fibra 11 g

Salsa de sidra
50 g de cebolleta
1 diente de ajo
20 g de aceite de oliva
200 g de sidra natural
100 g de agua
½ pastilla de caldo de verduras

film transparente, manga pastelera con boquilla rizada, moldes individuales de flan, papel de aluminio

Salsa de sidra

10. Ponga en el vaso la cebolleta, el diente de ajo y el aceite. Trocee **3 seg/vel 5** y sofría **3 min/120°C/vel ↺ (TM31: 3 min/Varoma/vel ↺)**.
11. Añada la sidra natural, el agua y la pastilla de caldo. Coloque el cestillo sobre la tapa en lugar del cubilete y programe **10 min/Varoma/vel ↺**. Mientras tanto, pele los huevos, córtelos en cuartos y reserve. Vierta la salsa sobre las verduras y mezcle con la espátula. Sirva la menestra como plato único con los huevos y los flanes desmoldados como postre con la nata montada.

ENSALADA MIXTA CON PALITOS DE CANGREJO Y SALSA TÁRTARA

INGREDIENTES

Ensalada

150 g de lechuga iceberg cortada en trozos de aprox. 5 cm o de lechuga romana cortada en trozos
600 g de agua
100 g de zanahoria en trozos
50 g de cebolleta en trozos
50 g de pimiento rojo en trozos de 3x3 cm
100 g de palitos de cangrejo en trozos

Salsa tártara

250 g de aceite de oliva suave
1 huevo duro
10 g de pepinillos en vinagre
10 g de cebollitas en vinagre
10 g de alcaparras
1 huevo
1 chorrito de zumo de limón
1 pellizco de sal

PREPARACIÓN

Ensalada

1. Ponga en el vaso la lechuga y cubra con el agua. Trocee **6 seg/vel 4**. Cuele a través del cestillo, deje que escurra y ponga en una ensaladera. Reserve.
2. Ponga la zanahoria en el vaso y pique **5 seg/vel 5**. Retire del vaso sobre la lechuga troceada.
3. Ponga en el vaso la cebolleta y el pimiento rojo y trocee **4 seg/vel 4**. Retire a la ensaladera con la lechuga y la zanahoria. Añada a la ensaladera los palitos de cangrejo y reserve.

Salsa tártara

4. Ponga una jarra sobre la tapa del vaso y pese el aceite. Reserve.
5. Ponga en el vaso el huevo duro y trocee **2 seg/vel 4**. Retire del vaso y reserve.
6. Ponga en el vaso los pepinillos, las cebollitas y las alcaparras y trocee **3 seg/vel 5**. Retire y reserve junto con el huevo picado.
7. Ponga en el vaso el huevo, el zumo de limón y la sal y programe **1 min 30 seg/70°C/vel 4**. Vuelva a programar inmediatamente **1 min/vel 5** y vierta el aceite reservado, poco a poco, sobre la tapa sin quitar el cubilete y durante el tiempo indicado. Con la espátula, baje la mayonesa hacia el fondo del vaso.
8. Añada al vaso el troceado reservado. Mezcle **5 seg/vel 4**. Vierta en una salsera y sirva acompañando la ensalada.

10 min · 10 min · baja · 4 raciones

Por ración:
Energía 1.322 kJ / 316 kcal
Proteínas 9 g / Hidratos 6 g / Grasa 29 g
Colesterol 129 mg / Fibra 2 g

CÓCTEL DE MARISCO Y AGUACATE CON SALSA CÓCTEL

INGREDIENTES

Lechuga y aguacate

150 g de lechuga iceberg cortada en trozos regulares de aprox. 5 cm o de lechuga romana cortada en trozos
600 g de agua
50 g de cebolleta en trozos
1 aguacate (pelado y sin hueso)
150 g de langostinos cocidos pelados
100 g de rodajas de piña en su jugo (en trozos pequeños)

Salsa cóctel

250 g de aceite de oliva suave
1 huevo duro
20 g de ketchup
10 g de *brandy*
15 g de zumo de naranja
2 - 3 gotas de tabasco
1 cucharadita de salsa inglesa (Perrins®)
1 huevo
1 pellizco de sal

PREPARACIÓN

Lechuga y aguacate

1. Ponga en el vaso la lechuga y cubra con el agua. Trocee **6 seg/vel 4**. Cuele a través del cestillo, deje que escurra y ponga en una ensaladera. Reserve.
2. Ponga la cebolleta en el vaso y trocee **2 seg/vel 5**. Retire del vaso sobre la lechuga troceada.
3. Ponga en el vaso el aguacate y trocee **4 seg/vel 4**. Retire sobre la lechuga y la cebolleta. Añada a la ensaladera los langostinos y la piña y reserve.

Salsa cóctel

4. Ponga una jarra sobre la tapa del vaso y pese el aceite. Reserve.
5. Ponga en el vaso el huevo duro y trocee **2 seg/vel 4**. Retire del vaso y reserve.
6. Ponga en el vaso el ketchup, el *brandy*, el zumo de naranja, el tabasco y la salsa inglesa. Mezcle **3 seg/vel 5**. Retire del vaso y reserve.
7. Ponga en el vaso el huevo y la sal y programe **1 min 30 seg/70°C/vel 4**. Vuelva a programar inmediatamente **1 min/vel 5** y vierta el aceite reservado, poco a poco, sobre la tapa sin quitar el cubilete y durante el tiempo indicado. Con la espátula, baje la mayonesa hacia el fondo del vaso.
8. Añada al vaso la mezcla de salsas reservada y mezcle **5 seg/vel 4**. Vierta en la ensaladera, espolvoree el huevo picado reservado, mezcle y sirva inmediatamente.

10 min | 10 min | baja | 4 raciones

Por ración:
Energía 1.624 kJ / 392 kcal
Proteínas 14 g / Hidratos 6 g / Grasa 34 g
Colesterol 190 mg / Fibra 2 g

ENSALADA *COLESLAW* CON HUEVO Y LECHUGA

INGREDIENTES

Ensalada *coleslaw*

150 g de lechuga iceberg cortada en trozos regulares de aprox. 5 cm o de lechuga romana cortada en trozos
600 g de agua
250 g de repollo blanco cortado en trozos regulares de aprox. 5 cm
150 g de zanahoria en trozos
150 g de manzana en trozos (descorazonada)

Salsa

250 g de aceite de oliva suave
1 huevo duro
10 g de vinagre de vino tinto
10 g de azúcar
1 cucharadita de mostaza de *Dijon*
25 g de yogur griego
1 huevo
1 pellizco de sal

PREPARACIÓN

Ensalada *coleslaw*

1. Ponga en el vaso la lechuga y cubra con el agua. Trocee **6 seg/vel 4**. Cuele a través del cestillo, deje que escurra y ponga en un bol. Reserve.
2. Ponga el repollo y la zanahoria en el vaso y trocee **5 seg/vel 5**. Retire del vaso sobre la lechuga troceada.
3. Ponga en el vaso la manzana y trocee **4 seg/vel 4**. Retire a la ensaladera con el repollo y la zanahoria.

Salsa

4. Ponga una jarra sobre la tapa del vaso y pese el aceite. Reserve.
5. Ponga en el vaso el huevo duro y trocee **2 seg/vel 4**. Retire del vaso y reserve.
6. Ponga en el vaso el vinagre, el azúcar, la mostaza y el yogur y mezcle **3 seg/vel 5**. Retire del vaso y reserve.
7. Ponga en el vaso el huevo y la sal y programe **1 min 30 seg/70°C/vel 4**. Vuelva a programar inmediatamente **1 min/vel 5** y vierta el aceite reservado, poco a poco, sobre la tapa sin quitar el cubilete y durante el tiempo indicado. Con la espátula, baje la mayonesa hacia el fondo del vaso.
8. Añada al vaso la mezcla de vinagre, azúcar y yogur reservada. Mezcle **5 seg/vel 4**. Vierta sobre la ensalada, mezcle y sirva espolvoreada con el huevo troceado reservado.

10 min | 10 min | baja | 4 raciones

Por ración:
Energía 1.450 kJ / 347 kcal
Proteínas 6 g / Hidratos 13 g / Grasa 30 g
Colesterol 121 mg / Fibra 4 g

PAN DE CAÑADA (PAN PLANO CON ACEITE)

INGREDIENTES

220 g de agua
25 g de levadura prensada fresca
400 g de harina de fuerza
80 g de aceite de oliva virgen extra
1 cucharadita de sal
2 - 3 cucharadas de azúcar

ACCESORIOS ÚTILES

paño de cocina, bandeja de horno y papel de hornear

PREPARACIÓN

1. Ponga en el vaso el agua y la levadura y mezcle **1 min/37°C/vel 2**.
2. Añada la harina, 30 g de aceite y la sal y amase **1 min/ (TM31: 1 min/ /)**. Mientras tanto, forre una bandeja de horno con papel de hornear. Retire la masa del vaso, forme una bola y deje reposar en la bandeja preparada cubierta con un bol grande o un paño de cocina (15-20 minutos).
3. Precaliente el horno a 220°C.
4. Con las manos, extienda la masa dándole forma ovalada (aprox. 40 cm de largo). Presione toda la superficie de la masa con los dedos, riéguela con 50 g de aceite de oliva virgen extra y espolvoree con el azúcar.
5. Hornee durante 20 minutos (220°C). Retire del horno, corte en porciones y sirva.

10 min | 50 min | media | 12 raciones

Por ración:
Energía 763 kJ / 183 kcal
Proteínas 4 g / Hidratos 26 g / Grasa 7 g
Colesterol 0 mg / Fibra 1 g

FOCACCIA DE *CHERRYS* CON HIERBAS PROVENZALES

INGREDIENTES

Cobertura

20 tomates *cherry* cortados por la mitad
1 cucharadita de ajo en polvo
1 - 2 pellizcos de sal
2 - 3 cucharaditas de orégano seco
4 - 6 cucharadas de aceite de oliva virgen extra

Masa

300 g de agua
25 g de levadura prensada fresca
1 cucharadita de azúcar
30 g de aceite de oliva virgen extra (y algo más para la bandeja)
200 g de harina de fuerza
150 g de harina
1 cucharadita de sal

ACCESORIOS ÚTILES

film transparente, bandeja de horno

PREPARACIÓN

Cobertura

1. En un bol mezcle todos los ingredientes de la cobertura y reserve.

Masa

2. Ponga en el vaso el agua, la levadura, el azúcar y el aceite y mezcle **1 min/37°C/vel 2**.
3. Añada las harinas y la sal y amase **1 min/ (TM31: 1 min/ /)**. Vierta la masa (es una masa líquida) en un bol y cubra con film transparente. Deje reposar 15-20 minutos.
4. Precaliente el horno a 220°C. Engrase una bandeja de horno con 2-3 cucharadas de aceite de oliva virgen extra.
5. Vierta la masa en la bandeja preparada y extiéndala con la espátula, dándole forma de rectángulo (aprox. 25x30 cm). Distribuya los tomates por la superficie y riegue con la marinada.
6. Hornee durante 20-25 minutos (220°C), hasta que la superficie esté dorada. Retire del horno, corte en porciones y sirva.

10 min | 50 min | media | 12 raciones

Por ración:
Energía 689 kJ / 165 kcal
Proteínas 3 g / Hidratos 22 g / Grasa 5 g
Colesterol 0 mg / Fibra 1 g

CINNAMON ROLLS (ROLLITOS DE CANELA)

INGREDIENTES

Masa

230 g de leche
25 g de levadura prensada fresca
30 g de aceite de oliva virgen extra
1 yema de huevo
30 g de azúcar
220 g de harina de fuerza
200 g de harina
1 cucharadita de sal

Formado y horneado

2 - 3 cucharadas de azúcar
1 - 2 cucharadas de canela molida
10 cucharaditas de mantequilla (y un poco más para engrasar)
1 clara de huevo
4 cucharadas colmadas de azúcar glas

ACCESORIOS ÚTILES

paño de cocina, molde desmontable (Ø 24-26 cm), rodillo, pincel de repostería

PREPARACIÓN

Masa

1. Ponga en el vaso la leche, la levadura, el aceite, la yema de huevo y el azúcar y mezcle **1 min/37°C/vel 2**.
2. Añada las harinas y la sal y amase **1 min/ (TM31: 1 min//)**. Retire la masa del vaso, forme una bola y deje reposar en una bandeja de horno forrada con papel de hornear y cubierta con un bol grande o con un paño (15-20 minutos).

Formado y horneado

3. Precaliente el horno a 190°C. Engrase con mantequilla un molde desmontable de Ø 24-26 cm.
4. Con un rodillo, extienda la masa dándole forma rectangular (aprox. 30x40 cm). Espolvoree toda la superficie con el azúcar y la canela molida y reparta la mantequilla. Forme un rollo comenzando por la parte más ancha. Corte rodajas de 4 cm, colóquelas en el molde preparado y espolvoree toda la superficie con un poco más de azúcar.
5. Hornee durante 20 minutos (190°C). Mientras tanto, mezcle en un bol la clara de huevo con el azúcar glas. Retire del horno y pincele la superficie con el glaseado de azúcar. Sirva cuando se haya enfriado.

10 min | 50 min | media | 10 | 10 raciones

Por ración:
Energía 1.253 kJ / 300 kcal
Proteínas 6 g / Hidratos 44 g / Grasa 11 g
Colesterol 43 mg / Fibra 2 g

COCA DULCE DE ANÍS Y ALMENDRAS

INGREDIENTES

220 g de agua
25 g de levadura prensada fresca
400 g de harina de fuerza
80 g de aceite de oliva virgen extra
1 cucharadita de sal
2 - 3 pellizcos de anís en grano
40 g de almendras laminadas crudas
2 - 3 cucharadas de azúcar
4 - 6 chorritos de licor de anís (aprox. 50 g)

ACCESORIOS ÚTILES

paño de cocina, bandeja de horno y papel de hornear

PREPARACIÓN

1. Ponga en el vaso el agua y la levadura y mezcle **1 min/37°C/vel 2**.
2. Añada la harina, 30 g de aceite y la sal y amase **1 min/🌾 (TM31: 1 min/↺/🌾)**. Mientras tanto, forre una bandeja de horno con papel de hornear. Retire la masa del vaso, forme una bola y deje reposar en la bandeja preparada cubierta con un bol grande o un paño de cocina (15-20 minutos).
3. Precaliente el horno a 220°C.
4. Con las manos, extienda la masa dándole forma ovalada (aprox. 40 cm de largo). Presione toda la superficie de la masa con los dedos, espolvoree el anís en grano, las almendras laminadas y el azúcar. Riegue con aprox. 50 g de aceite de oliva virgen extra.
5. Hornee durante 20 minutos (220°C). Retire del horno, riegue inmediatamente con el licor de anís, corte en porciones y sirva.

10 min | 50 min | media | 12 raciones

Por ración:
Energía 859 kJ / 206 kcal
Proteínas 4 g / Hidratos 27 g / Grasa 9 g
Colesterol 0 mg / Fibra 2 g

REFRESCO DE FRUTAS

INGREDIENTES

50 - 80 g de azúcar
1 limón (sin pelar, cortado en dos)
1 naranja de zumo (sin pelar, cortada en dos)
1 manzana (sin pelar, cortada en dos)
1000 g de agua fría
100 - 200 g de cubitos de hielo

PREPARACIÓN

1. Ponga en el vaso el azúcar y pulverice **5 seg/vel 10**.
2. Añada el limón, la naranja, la manzana y 500 g de agua. Sujete el cubilete con la mano y trocee **Turbo/2 seg/1 vez (TM31: /Turbo/2 seg/1 vez)**.
3. Incorpore 500 g de agua. Introduzca el cestillo, sujételo con la espátula y cuele el refresco en una jarra. Añada el hielo y sirva inmediatamente.

5 min · 5 min · baja · 6 vasos

Por vaso:
Energía 281 kJ / 67 kcal
Proteínas <1 g / Hidratos 16 g / Grasa <1 g
Colesterol 0 mg / Fibra 1 g

BIZCOCHO Y REFRESCO DE FRUTAS

INGREDIENTES

Refresco de frutas
50 - 80 g de azúcar
1 limón (sin pelar, cortado en dos)
1 naranja de zumo (sin pelar, cortada en dos)
1 manzana (sin pelar, cortada en dos)
1000 g de agua fría

Bizcocho
4 huevos
200 g de azúcar
200 g de aceite de oliva suave (y un poco más para engrasar)
1 sobre de levadura química en polvo
350 g de harina de repostería

ACCESORIOS ÚTILES
molde de corona, rejilla

PREPARACIÓN

1. Precaliente el horno a 180°C. Engrase con aceite un molde de corona de Ø 22 cm.

Refresco de frutas

2. Ponga en el vaso el azúcar y pulverice **5 seg/vel 10**.
3. Añada el limón, la naranja, la manzana y 500 g de agua. Sujete el cubilete con la mano y trocee **Turbo/2 seg/1 vez (TM31: /Turbo/2 seg/1 vez)**.
4. Incorpore 500 g de agua. Introduzca el cestillo, sujételo con la espátula y cuele muy bien el refresco en una jarra o en una botella. Reserve en el frigorífico.

Bizcocho

5. Con la muesca de la espátula, extraiga el cestillo. Añada al vaso los huevos y el azúcar y bata **3 min/37°C/vel 4**.
6. Incorpore el aceite, la levadura y la harina y mezcle **15 seg/vel 4**. Vierta la masa en el molde preparado.
7. Hornee durante 45 minutos (180°C). Retire del horno, deje templar y desmolde sobre una rejilla. Deje enfriar (aprox. 1 hora) y sirva acompañado del refresco de frutas.

15 min | 2 h | baja | 8 | 8 raciones

Por ración:
Energía 2.392 kJ / 572 kcal
Proteínas 9 g / Hidratos 69 g / Grasa 29 g
Colesterol 120 mg / Fibra 3 g

MERMELADA Y REFRESCO DE CÍTRICOS

INGREDIENTES

Refresco

50 - 80 g de azúcar
1 limón (sin pelar, cortado en dos)
1 naranja de zumo (sin pelar, cortada en dos)
2 limas (sin pelar, cortada en dos)
1000 g de agua fría
100 - 200 g de cubitos de hielo

Mermelada

400 g de azúcar

PREPARACIÓN

Refresco

1. Ponga en el vaso el azúcar y pulverice **5 seg/vel 10**.
2. Añada el limón, la naranja, las limas y 500 g de agua. Sujete el cubilete con la mano y trocee **Turbo/2 seg/1 vez (TM31: /Turbo/2 seg/1 vez)**.
3. Incorpore 500 g de agua. Introduzca el cestillo, sujételo con la espátula y cuele el refresco en una jarra. Añada el hielo y sirva.

Mermelada

4. Con la muesca de la espátula, extraiga el cestillo. Añada al vaso el azúcar y trocee **5 seg/vel 5**. Después, programe **30 min/100°C/vel 1**.
5. Coloque el cestillo sobre la tapa en lugar del cubilete y programe **5 min/Varoma/vel 1**. Reparta la mermelada en 2 tarros de cristal esterilizados (de aprox. 350 g). Tape, dele la vuelta a los tarros y deje enfriar boca abajo antes de utilizar a su conveniencia.

SUGERENCIA

- Para una buena conservación de la mermelada, llene los tarros hasta 1-2 cm del borde antes de tapar y colóquelos boca abajo para que se haga el vacío y no quede aire dentro.

10 min | 45 min | baja | 1 receta completa

Por receta completa:
Energía 8.124 kJ / 1.944 kcal
Proteínas 3 g / Hidratos 471 g / Grasa <1 g
Colesterol 0 mg / Fibra 10 g

B

C

E

F

M

P

R